AF568612

Mit Cartoons von
Hauck & Bauer

Thilo Bock

Du bist für mich wie Camembert

Verfressene Verse

Eulenspiegel Verlag

EINS, ZWEI, SCHWARZBROT.
Ist das noch Soundcheck oder schon Gedicht?
H&B

Knackwerk in
meinen Fingern

1.

Wie's Leben so grau ist dies Brot.
Gemischtes Duett, weder weiß
noch schwarz, trotzdem alles im Lot.
Ein Brot wie ein Gottesbeweis.

Und so, wie auch nicht jeder Reim
herausragend originell
erscheint, fällt dem Zeitgeist anheim,
wer Graubrot verschmäht generell.

Denn ehrlich: so eine schön dick
geschnittene Stulle mit Butter,
leicht Salz drauf – macht's da nicht krass klick?
Unfassbares Glückskinderfutter!

Die knusprige Kruste zerplatzt
dir zwischen den Zähnen. Im Nu
hat Speichel die Krume zerschmatzt
so wohlig – du jubelst juhu!

Wenn das dir kein innerer Opernball,
Geschmacksknospentanz eins zwei drei,
Zufriedenheitsparty mit Tobanfall
und keine Effektnascherei.

Beim Bäcker kriegst du für dein Bares 7
so manch raffiniertere Sorte.
Doch brauchst du im Leben nichts Rares,
bekommst du stets Graubrot am Orte.

Wie's Leben so grau ist dies Brot.
So einfach, so einfach brillant.
Nur Wasser, Salz, Hefe und Schrot,
was drauf kommt, ist irrelevant.

2.

Bleib immer bei mir, ach, Baguette.
Dein Teint betörend zart gebräunt,
sodass isch gleich gewettet ’ätt:
du ’ast doch mehr als einen Freund.

Das ’at kein Stückschen misch gekümmert.
Disch drücken wollt isch, disch fest kneifen,
doch ’at das alles nur verschlimmert,
du lässt disch nicht so leischt begreifen.

Noch knuspriger, als isch vermutet,
bist Knackwerk du in meinen Fingern.
’ast misch mit Krümeln überflutet,
konnst meinen ’unger kaum verringern.

Wie weißes Brot bist du so gut,
ein bisschen doof, doch ziemlich toll.
Isch tu, was jeder Gier’als tut,
isch stopf mich ’ilflos mit dir voll.

Isch schätze deine Toleranz.
Zu allem scheinst du stets bereit
und gibst mit deiner Eleganz
zu jeder Speise dein Geleit.

Doch mit der Zeit wirst du mir fad,
zeigst deine ’arte Seite trocken.
Mein Mund verkommt zum Speichelbad,
und du darin zum Riesenbrocken.

Könnt den Momang, da ich dich sah,
Chérie, kein Altern doch vertreiben,
und du auf ewig – oh, là, là –
ein knuspriges Baguette bloß bleiben.

3.

Dieses Brot jetzt wird kein leichtes sein,
dieses Brot ist kernig und fest.
Dieses Brot wirkt manchmal hart wie Stein,
dieses Brot gibt so manchem den Rest.

Dieses Brot wirkt frisch schon wie von gestern.
Dieses Brot ist vielen zu krass.
Dieses Brot könnt jeder leicht verlästern.
Dieses Brot verdient keinen Hass.

Dieses Brot ist voller Schrot und Korn,
dieses Brot ist schwarz und recht schlicht.
Dieses Brot ist ökomäßig vorn,
dieses Brot ist gesundheitlich Pflicht.

Dieses Brot ist ein ballaststoffreiches,
dieses Brot macht satt und schmeckt groß.
Dieses Brot ist – wie man merkt – kein weiches,
dieses Brot bekämpft Hunger famos.

Dieses Brot ist aller Brote Ursprung,
dieses Brot schafft Identität.
Dieses Brot war wichtigster Kultursprung,
dieses Brot ist so deutsch, wie es geht.

Dieses Brot verjagte einst die Römer,
dieses Brot ist Nahrung und schützt.
Dieses Brot ist Zuversichtsverströmer,
dieses Brot hat uns immer genützt.

Dieses Brot soll gar kein weiches sein,
dieses Brot ist härter als Holz.
Dieses Brot lässt uns nie mehr allein.
Vollkornbrot – unser einziger Stolz.

4.

Die Klappe auf und zugegriffen,
per Zange, niemals mit der Pfote.
Ansonsten hast du schon gestriffen
noch eins der Brötchen oder Brote.

Da stehst du vor der Backstation,
bestaunst das Billigbrotprogramm.
Bei dieser Mehlteigkollektion
fühlst du dich richtiggehend klamm.

Du stecktest sie gern in zig Tüten,
unmöglich, vier nur auszusuchen.
Mehr brauchst du nicht und musst dich hüten,
nicht noch zu greifen nach dem Kuchen.

Die backen dir hier jedes Brot auf,
vom Powerkorn zum Dinkelmax,
und streuen dir noch so Geschrot drauf.
Für die ist das total der Klacks.

Hier'n Emulgator, da'n Enzym,
das hält das Brot fast ewig frisch.
Was drin steckt, bleibt meist anonym
in diesem magischen Gemisch.

Die Tiefkühlteiglinge vom Fließband,
aus Polen, China angekarrt,
die der Verbrauchertest zwar mies fand –
Hauptsache, wieder was gespart.

Die Klappe auf und rein das Blech:
So funktioniert das Backen heute.
Da haben Brotliebhaber Pech:
Die Bäcker sind jetzt Pharmaleute.

5.

Wo man Brot backt, jib's ooch imma Brötchen
und mit ihnen jenet Anekdötchen
von die Urberliner Schrippenpredicht,
die die Neuberliner stets erledicht.

Wer in Spreeathen nur unjenau
Brötchen ordert bei de Bäckersfrau,
muss jewappnet sein vor die Replike
in Jestalt von saftjer Sprachkritike.

Mieser noch wie Brötchen wär'n bestellte
Semmeln oder Wecken, denn dann bellte
fix die Backwarenthekenmadame,
det se so wat nu mal jar nich ham.

»In Berlin heeßen die Dingers nämlich
Schrippen, Mönschenskind, ick quatsch ma dämlich!
Brötchen jib's hier nich, ooch keene Wecken
oder Semmeln, dit Wort lass man stecken!«

Dieser Anschiss ist jeschwind verdaut,
wenn man erst mal seine Schrippe kaut.
Außen knackich, innen butterweich,
da sind Schrippen den Berlinern gleich.

Doch dit schnafteste Jebäck uff Erden
kann ooch eenma schlaff und pappich werden.
Da hilft denn keen jroßet Rumjemecka,
Schrippen sind nich alle gleichviel lecka.

Unter wahren Brötchenconnaisseuren
muss man stets die Ostschrippe beschwören.
Deren Scheitel ist oft schief wie krumm,
so als Orjinalitätssignum.

6.

Man backt ja immer auch fürs Auge,
so herrlich lecker anzuschaun.
Wirft man den Teig in Natronlauge,
wird das Ergebnis glänzend braun.

Leicht knackig, doch nicht knusperkrustig,
zart weich und noch im Look enorm.
Du nimmst den Mund voll und mampfst lustig,
erfreust dich deiner Daseinsform.

So wohlgeschwungne Laugenteile,
Produkt gelernter Backhandwerker,
sind sättigend für lange Weile
und auch Erinnerungsverstärker.

Zu Zeiten, als du nichts als spieltest,
standst du gebannt vor einem Rätsel,
was du in deiner Hand da hieltest,
bis Mama sprach: »Iss deine Brezel!«

Drei Henkel, die sich selber halten,
verschlungne Schlaufen ohne Nutzen.
Nur ein Genie konnt das gestalten!
Darf man das einfach so verputzen?

Inzwischen hattest du sie alle
(als Brötchen, Stange und Konfekt,
mal Kümmel drauf, mal Salzkristalle)
und oft halt Brezeln eingesteckt.

Wenn man Erfindergeist verhandelt,
steht weit vorn bloß Laugengebäck.
Chemie und Backkunst fest verbandelt:
Das ist der Deutschen Backgepäck.

7.

Wenn du durch deine Hood so goest
und fühlst dich wie ein Late Night Host,
bereit für einen Megaroast,
doch leider wohnst du ja in Soest.

Dann reiß erst mal die Tüte auf!
Ein Duft wie eine Liebesszene.
Für dieses Brot, da schwör ich drauf,
brauchst weder Messer du noch Zähne.

Wie du so in Gedanken flowst,
so bodenlos, als wärst du'n Ghost,
surfst schnurstracks hoch zum Poppermost,
als hätt das Glück dich ausgelost.

Das ist ein Kissen, kein Brotlaib,
drin ist mehr Butter als Getreide,
nicht Essen, sondern Zeitvertreib,
das Polster deiner Eingeweide.

Wenn du dann deine Reach so growst,
perfect dein Social Media Post,
du keinerlei Respect mehr showst,
dann iss doch erst mal schnell 'nen Toast.

Das Beste, was so’m Toast passiert
(und garantiert wirst du gleich high):
wenn man mit Obst ihn gratiniert.
Dein Lebensretter: Toast Hawaii.

Wie du durch deine Hood so goest
und alles kennst von Coast to Coast,
sodass du deinen Call so closed,
gibt Toastbrot dir gewiss fix Trost.

Welche Füllung hatten Sie denn zuletzt in dem Zahn?
Leber Käs.
H&B

Umsonst ist bloß die erste Scheibe

1.

Salami war mein erstes Wort,
das lag mir auf der Zunge, dort,
von wo sodann die Scheibe rutschte,
an der ich gern genüsslich lutschte.

Salami, das hat gleich gefunkt,
da liebte ich bald jeden Punkt
der Kuscheldecke zum Vernaschen,
rotweiß bis in die Backentaschen.

Salami – lächelnd, locker, leicht,
mit spitzer Gabel dargereicht
in die verklebte Kinderpranke.
Und Mama flüstert noch: »Sag Danke!«

Salamifachverkäuferinnen,
bemüht, uns früh schon zu gewinnen,
auf dass ihr Stoff zur Sucht uns treibe.
Umsonst ist bloß die erste Scheibe.

Salami, meine Einstiegsdroge,
Beginn zahlloser Dialoge.
»Darf's etwas mehr sein auf der Waage?«
»Natürlich, ja, gar keine Frage!«

Salami schult an Küchentischen
die taktischen Erfinderischen,
um scheibchenweise zuzugeben:
Der Mensch braucht diese Wurst zum Leben.

Salami, willst du mit mir gehn,
die Fressanfälle überstehn
am Kühlschrank mit und ohne Stulle,
bis dass ich kauend sanft einlulle?

2.

Von wegen, Wurst ist totes Tier,
vielleicht bloß Knorpel und Gekrös!
Wirkt dies fidele Lächeln hier
auch nur ein bisschen ominös?

Los, sag, könnt solch Gesichtchen lügen?
Nie groß mit guter Laune geizend,
versteht es wohl, sich einzufügen.
Als Stapelware immer reizend.

So wurde Wurst des Menschen Freund,
gab seinem Butterbrot Charakter.
Hautfarben und partiell gebräunt
war zwischen beiden gleich Kontakt da.

Wer isst mit Lust, was ihn nicht anblickt?
Wo ist da hinten und wo vorn?
Weil Ausgegrabnes uns nie drankriegt,
Gepflücktes gar mit Kern und Korn?

Gesichtswurstessende indessen,
die wissen stets, woher die kommt.
Als erstmals sie dem Blick, dem kessen,
begegnet, war's schon klar, ganz prompt.

Das ist, wonach sie stetig lechzen.
Wer braucht auch Rind, Schwein oder Pferd,
die aus dem Stall nur blöde krächzen,
derweil so’n Bär sich nie beschwert.

Und kommt dir da was chemisch vor,
mit all den Zusatzstoffen so,
mach’s wie der Bär, nimm’s mit Humor.
Sein Lächeln packt dich hundertpro.

3.

Der orange Batzen in der Tube,
das ist auch Wurst, ja, und was für eine!
Abgrundtief in deutscher Magengrube,
Tradition aus Pommern, grob wie feine.

Kalt gereift aus rohem Fleisch und Speck,
zählt sie sicher zu den Wurstgiganten.
Sie ist mehr als nur ein schneller Snack.
Vorsicht vor veganen Varianten!

Dick auf Graubrotschnitten draufgeschmiert,
bis uns leichter Räucherduft umkreist.
Ist bloß das, was uns interessiert,
nicht, warum die Teewurst Teewurst heißt.

Keine Sorge: Tee ist nicht drin in
dieser Masse, jedoch Rum, so'n Fitzelchen.
Teewurst ist der Inbegriff schlechthin
von Genusskultur – ein Gaumenkitzelchen.

Jedenfalls behauptet dieses die
Schutzgemeinschaft Deutsche Teewurst und
dass in Teewurst Salmonellen nie
auszuschließen sind aus einem Grund.

Denn das war schon immer so bei uns:
deutsche Würste, deutsche Krankheitskeime –
stets bereit zu kämpfen mit Gegrunz
gegen anfällige Magenschleime.

Und so reicht die Hausfrau dann zum Tee
oder Bier – das ist egal – mitunter
nachmittags als Imbiss mit Effet
Teewurststullen, gern mit Butter drunter.

4.

Da brat mir einer eine Wurst
und dann am besten gleich ’ne zweite.
O Magen, der du hungrig knurrst,
halt dich bereit fürs Fettgefighte.

Die Wurst schnurrt auf glühheißem Rost.
Träg tropft ihr Fett wie heißes Blut
auf weiße Kohlen zäh wie Most,
gar gierig zischt dazu die Glut.

Hey, Magen, hier kommt frohe Kunde!
Lass wie mein Gaumen deine Säfte
moussieren für die nächste Runde
im Wettbewerb der Körperkräfte.

Flankierend halte ich parat
den Teller mit Notwendigkeiten,
dazu ein Alibisalat,
die Würste in mich zu begleiten.

Die Wurst kriegt ihre letzte Wendung.
O weh, sie hat arg schwarze Stellen!
Was doch gemeint war als Vollendung,
kann schnell den Appetit vergällen.

Zum Glück gibt's ja diverse Soßen
und Senf, Gewürzketchup und Dips.
Man trinkt ja auch, um aufzustoßen
und für den anschließenden Schwips.

O Magen, nerv mich nicht so kläglich.
Hier greifen wohl die Grillbedenken:
Das Fleisch bleibt so lange erträglich,
wie du's in Ketchup kannst versenken.

5.

Ach, Mortadella, meine Bella!
Du bist ein Hauch auf meinem Teller,
und jedes Brot wär dir zu dumpf.
Du bist auch ohne Brot stets Trumpf.

Du bist, ich weiß es, Mortadella,
nicht gut für Klappstullenersteller,
die dich und Gurken, Eier, Käse
zusammentun mit Mayonnaise.

O nein, das passt nicht, Mortadella,
da bist du viel artifizieller.
Dein Faltenwurf ist Kunst für sich,
verführerisch, uneigentlich.

Träum ich von dir dann, Mortadella,
ist dieser Traum ein sexueller
und garantiert nicht jugendfrei,
ein Fettfilm voller Völlerei.

Herrje, ich wünschte, Mortadella,
du wärst manchmal konventioneller.
Pistazien trägst du als Geschmeide
und bist auch pur ’ne Augenweide.

Du bist und bleibst der Megaseller,
in der Fleischwarentheke heller
als mancher Stern im Nachtgebiet
glänzt du und bist fast transluzid.

Hach, Mortadella, meine Bella,
du Hauch von Nichts auf meinem Teller!
Ich möcht dich immerfort bloß küssen
und niemals wieder missen müssen.

6.

Am Ende der Wurst, auch das zweite verputzt,
verlangt's noch nach weiterem Wurstflair im Rachen:
die Neige im Wurstglas – zu oft nicht genutzt.
Das Beste zum Schluss, wahrlich nichts für die Schwachen.

Wenn Würste drin lagen, kann's Essern kaum schaden,
zu Trinkern geworden aufgrund dieses Schlucks.
Das war nicht ihr letzter. Gern würden sie baden
darin ihre Kehlen, bestimmt nicht aus Jux.

Champagner ist schal gegen das da im Glas,
gut salzig, leicht fleischig sein Abgang am Gaumen,
das macht wohl den übelsten Punkern noch Spaß,
auch Feingeister heben begeistert den Daumen.

Selbst Wursthasser sind mit solch Wasser verführbar,
behauptet man einfach, es sei vegetarisch,
das Tierische in ihm geschmacklich nicht spürbar,
als Sünde im Glas allenfalls fragmentarisch.

Wenn Wursthasser Wurstwasser meiden aus Ekel,
verabscheuen sie ja im Grunde jedwedes,
was Luft so umweht. Das ist nichts als Gemäkel
am Dasein, Degout gegen alles und jedes.

Nicht aufregen!, so die kommodeste Losung, 33
und diese verlangt nicht mal größeres Tricksen,
bloß Sirup plus Eis und zur Seelenliebkosung
das mit ’nem Schuss Wurstwasser richtig vermixen.

Auch ließe sich so ein Getränk noch erweitern
mit Schnaps. Mögen manche die Nase auch rümpfen
und schon am arg skeptischen Probeschluck scheitern.
Wer’s austrinkt, den haut nichts so leicht aus den Strümpfen.

7.

Geht gar nichts mehr, dann geht noch diese
als Lösung jeder Heimwegskrise.
’ne Wurst, ertränkt in dicker Pampe,
die Basis jeder feisten Wampe.

Wo kommt sie her, so genuin?
Auf jeden Fall doch aus Berlin.
Sie ist geblieben, um zu bleiben
und sich ins Stadtherz einzuschreiben.

Zunächst mal keine große Sache,
doch nichts für chronisch Magenschwache,
muss Ketchup an die Wurstmahlzeit
und Schärfe, die ihr Kraft verleiht.

Ach nee, das wäre ja noch schöner,
denn scharf genießt man besser Döner.
So rischtisch scharf mit Schweißausbruch,
gefolgt von fiesem Mundgeruch.

Die Kunst der Currywurst hingegen
bedeutet, etwas anzuregen,
Geschmacksnuancen aufzuzeigen,
ein scharfsüßsalzigsaurer Reigen.

Tomaten aus dem Okzident
und Curry aus dem Orient
plus deutsche Wurst auf Imbisspappen –
die ganze Welt in einem Happen.

Ein letztes Wort noch auf die Schnelle:
jetzt mit oder doch ohne Pelle?
Die Kombi Currywurst und Darm
macht uns nicht nur den Bauchraum warm.

DIE RAVIOLI SIND DOCH NICHT ZUM ESSEN GEDACHT!! DAS SIND UNSERE VORRÄTE !!
H&B

Heiß verschlungner
Zungenkuss

1.

Fängt das Wasser an zu sprudeln,
greifst du dir ’ne Handvoll Nudeln.
Sind das dann sogar Spaghetti,
läuft’s bei dir tutti paletti.

Keinerlei Experimente!
Kurz gekocht sind sie al dente.
Brauchst sie nur noch abzugießen,
um sie dampfend zu genießen.

Wenn du sie mit Öl benetzt,
von Puristen sehr geschätzt,
oder Käse, sanft zerlaufen,
reicht das auf den Nudelschlaufen.

Wie auch Ketchup literweise,
seit der Kindheit Lieblingsspeise.
Oder dieses Zauberpuder,
jener Fertigsuppenbruder.

Manche greifen gar höchst nobel
zum geliebten Trüffelhobel.
Doch die meisten, kein Gewese,
wollen’s alla bolognese.

Jedenfalls ganz klassisch deftig
eingekocht, geschmacklich kräftig,
wo man lang noch davon zehrt,
als stand Mamma selbst am Herd.

Fast egal, was wir erwählen,
die Spaghetti sind's, die zählen.
Mundausfüllender Genuss –
heiß verschlungner Zungenkuss.

2.

Im Osten galt es schon als Staatsaffäre,
wenn Honni ohne sie geblieben wäre.
Ein Mittagessen ohne Makkaroni,
das war kein gutes für den Oberzoni.

Und auch beim Klassenfeind im goldnen Westen
gab's Makkaroniauflauf selbst bei Festen.
Sie gilt als deutsche Urnudel schon lange,
geliebte, hohle Hartweizengrießschlange.

Die Italiener sind da viel entspannter,
schlicht jede Pasta wird oft so genannt da.
Nur was man hier als Makkaroni kennt,
ist dort als Bucatini wohlpräsent.

Durch diese Röhren kann man Suppe saugen,
da ungekocht sie gut als Strohhalm taugen.
Doch baumeln sie voll Soße an der Gabel,
bekleckern sie den Esser formidabel.

So zierten in Familien mit Kindern
– dank roter Soße konnt man's nicht verhindern –
dezente Spritzerspuren die Tapeten,
trotz Vaters Mahnen, Meckern und Trompeten.

Sein Glück, dass sie von Makkaroniessern,
die – frei von Gabeln, Löffeln oder Messern –
die Pasta sich komplett zum Mund geführt,
nichts wussten, das hätt sie sonst aufgerührt.

Doch längst sind ungebogne Exemplare
von langen Makkaroni Mangelware.
Sind eingeholt wie Honecker im Lichte
von Ochs und Esel und der Zeitgeschichte.

3.

Nicht Italien, trotzdem südlich,
insgesamt auch recht gemütlich,
ist das Ländle von den Schwaben,
die dort ihre Nudeln schaben.

Nudeln? Ja, mit Mehl und Ei,
doch aus keiner Bäckerei
kommt die Leibspeise von denen,
die im Paradies sich wähnen.

Spätzla, Spätzle, Spätzli, Spatzen,
gern serviert als Riesenbatzen.
Schmilzt man auch noch Käse drüber,
ist das Wohlsein schnell hinüber.

Denn wenn's Mahl mal angefangen,
heißt es tüchtig zuzulangen,
bis man vollgestopft und still
nicht mehr länger schaben will.

Doch die Schwaben sind bekannt
für Verstand und Tüftlerhand.
Aufgrund schwäbischer Finesse
gibt's daher die Spätzlepresse.

Schneller nur ist allemal
bloß der Griff ins Kühlregal.
Was dem Schwaben wär zu teuer,
ist Genießern nicht geheuer.

Denn den Fertigspätzle fehlt
etwas, das den Teig beseelt.
Wohl ist's Liebe, was uns labt.
Liebe ist halt handgeschabt.

4.

Fast allerorts befällt dich heute Text.
Wo du auch bist und isst, hast du Lektüre.
Egal, wohin du deinen Löffel steckst,
liest du notorisch mit im Umgerühre.

Denn selbst die Suppe hat was mitzuteilen.
Schau nur genau hin bis zum Grund der Schüssel.
Vielleicht klärt sich so ein Problem bisweilen
und liefert Lebensrätseln einen Schlüssel.

Mag sein, die Weisheit stammt aus großen Werken,
ist dem Korrektor auch was durchgeflutscht.
Zumindest solltest du den Satz dir merken,
bevor er dir gleich von der Zunge rutscht.

Drum löffle dich bedacht durch die Terrine,
den Sinn der Worte möglichst zu erfassen.
Im Kontext suchst du stets das Genuine,
die Urfassung in allen Suppentassen.

Vermeide orthografisch ungestüme
Neologismen, die partout nicht stimmen.
Bewirken die Vokabelungetüme
doch bloß ein strapaziöses Magengrimmen.

Und iss auch keine bösen Zungenbrecher,
die legen sich nur quer in deinem Hals
wie jeder unerquickliche Versprecher,
Ergebnis konsonanten Überschwalls.

Versammle auf dem Löffel eine Gruppe
von Schriftzeichen. Halt so dein Mahl ästhetisch.
Vielleicht isst du die Buchstaben der Suppe
sortiert, am besten strengstens alphabetisch.

5.

Glasnudeln sind nicht aus Glas,
zwischendurch vergisst man das.
Sie könn‘ brechen, doch nicht klirren,
auch nicht spiegelnd uns verwirren.

Sie sind einfach Nudeln nur,
allerdings aus Stärke pur,
völlig ohne Gries und Mehl,
ein glutenfreies Juwel.

So kann, ohne Magengrummeln,
jeder Nudeln in sich mummeln.
Eine Asiapfanne, lecker,
zieht dem Hunger schnell den Stecker.

Ob frittiert, ob in der Brühe
machen Glasnudeln kaum Mühe.
Kurz mit Wasser übergossen,
gleich vermengt mit Sojasprossen.

Einmal durch den Wok gewischt,
hast du sie schon aufgetischt.
Nicht sehr viel musst du auch tun
für Salat mit Fleisch vom Huhn.

Man könnt sich durchaus bequemen
und tatsächlich Tofu nehmen,
der zunächst sehr reizlos wirkt,
so wie Glas nicht viel verbirgt.

Glasnudeln sind auch kaum sichtbar,
doch fürs Essen unverzichtbar,
weil's so nicht zu schnell zerrupft
und dem Mund nur sanft entschlupft.

6.

Wenn auf Partys man herabgesunken
in den Zustand, wo die andren unken,
ob man’s heil und sicher heimwärts schafft,
spendet einer dir noch letzte Kraft.

Meist mit Erbsen, Möhrchen, Paprika,
steht nicht selten er verwaist dann da.
Seine Mayonnaise lässt uns zaudern,
beim Gedanken innerlich erschaudern.

Jeder würde da sofort beipflichten,
hatte selbst schon Magen-Darm-Geschichten.
Ein Salat mit Nudeln ist verlockend,
aber oft auch Übelkeit einbrockend.

Hat man einen Klatsch davon trotzdem
einverleibt sich, wogt recht angenehm
Wohlbehagen durch den ganzen Ranzen.
Nudelsalat lässt die Seele tanzen.

Freilich gibt es schlankre Varianten
– welche unsre Mütter noch nicht kannten –,
die sich von der Tradition entfernen
mit Olivenöl und Pinienkernen.

Danke, nein, das ist total entbehrlich,
denn wir brauchen – seien wir mal ehrlich –
neben Allergien und Diäten
nahrungsmäßig auch Stabilitäten.

Ein gehöriges Portiönchen Glück
führt uns essend in die Zeit zurück,
die gottlob wir hinter uns gebracht,
und sodann gesättigt durch die Nacht.

7.

So einige Nudeln sollt niemand je kochen.
Gewiss ergäb das ein immenses Gequengel.
Das bleibt kulinarisch zwar unausgesprochen
und zeigte geschmacklich doch ärgere Mängel.

Sie fehlen zumeist in der Gastronomie.
Man trifft allenfalls sie im Service dort an.
Fast jedermann redet und liest über sie,
weil ohne sie keiner gut ablästern kann.

Sie sorgen für Stimmung und reichlich Geklatsche,
bisweilen da geben sie dir einen mit.
Manch eine hilft aus beim Gymnastikgeplatsche,
hält Mensch über Wasser und dabei noch fit.

Doch cool sind so Poolnudeln wenig bis kaum
und Ulknudeln nicht immer gleich populär.
Verbreiten auch Giftnudeln Zwietracht im Raum,
so werden Skandalnudeln oft legendär.

Solch Nudeln sind nicht feminin automatisch.
Sehr phallisch erscheint ja die Poolnudel just.
Sie wirkt leidlich passiv, beinahe phlegmatisch,
ist biegsam indessen und äußerst robust.

Die Ulknudel giggelt und gibt sich geschmeidig,
solange gelacht wird, ist alles okay.
Und zeigt sich die Giftnudel weitgehend schneidig,
fehlt ihr als Skandalnudel noch Renommee.

Ein Leben so ganz ohne Nudeln wär graulich.
Denn Nudeln, die machen uns alle doch glücklich,
egal ob genießbar, ob schwer nur verdaulich,
erinnert man sich ihrer meistens nachdrücklich.

Wir essen Spargel am liebsten ohne alles.
Auch ohne Euch.
H&B

So zuckersüß ist
niemals nie Gemüse!

1.

Was für ein Nichts in Topf wie Pfanne,
geschmacklich eine Riesenpanne!
Als Fehlton im Aromentrubel
verdienst du bloß mit Show die Rubel.

Du trügerisches Ziergrünzeug,
Dekorgemüse, dich beäug
beeindruckt ich beim Erntedank,
langst nicht mal für die Fensterbank.

Man nutzt dich gern als Schreckgespenst,
als das mitnichten du groß glänzt.
Bei Halloween zur Horrorschau
bleibst du nur fratzenhaft und flau.

Will wer dein Leben doch verkürzen,
muss er dich kräftig überwürzen.
Am besten mit viel Currystaub,
der macht die Sinne nämlich taub.

Nur eine starrköpfige Gruppe
schwört stur auf ihre Kürbissuppe,
auf diesen mehlig dicken Matsch
mit auffälligem Möhrentouch.

Bist als Gemüse bös verflucht.
Egal, was man mit dir versucht,
dich roh isst, anbrät, dünstet, grillt,
du bleibst, was Lust nach mehr schwer stillt.

Doch gib mit Stolz stets die Laterne
und gib vor allem deine Kerne.
Geröstet sind die einfach klasse,
nichts, was ich essend gern verpasse.

2.

Wer den nicht liebt, der hasst ihn wohl,
vor allem sein Geruch schreckt ab.
Ihn gab's gewiss beim Komsomol
und in Kantinen nicht grad knapp.

Ich, neulich in Sewastopol
beim tollsten Sonnenuntergang
am Kai mit Wodka-Aperol,
als mir ein Duft ins Näschen drang:

Da holperte ein Karriol
(ihr wisst schon: so 'ne olle Karre),
mir fehlte bloß ein Terzerol
(das ist, ja klar, 'ne kleine Knarre).

Beschirmt von einem Parasol
saß auf dem Fuhrwerk eine Muhme
und wickelte aus Stanniol
ihr Mahl zum baldigen Konsume.

Was war das nur für ein Symbol?
Wollt mich das Schicksal so bestrafen?
Da trank ich noch mehr Alkohol
und ging mit leerem Bauch bald schlafen.

Problem wie auch beim Karfiol
ist klar: Man kann ihn arg verderben.
Verkocht schmeckt er recht fad und hohl.
Mit so was lässt sich schwerlich werben.

Doch gut gemachten Rosenkohl
lieb ich in meinen Eingeweiden.
Wer ihn nicht liebt, der hasst ihn wohl
und sollte ihn nach Kräften meiden.

3.

So zuckersüß ist niemals nie Gemüse!
Wo ist der Trick? Gibt's etwa einen Haken?
Folgt dem Genuss die Fehleranalyse,
worauf Gemüseleugner hämisch quaken?

Als Kinder liebten wir das sanfte Knacken
der weichen Körner in unsren Gebissen,
befüllten löffelweise uns die Backen
damit und waren – wirklich! – hingerissen.

Wir staunten dann nicht schlecht, als wir beim Grillen
das erste Mal den ganzen Kolben kriegten,
und knabberten doch Korn um Korn im Stillen
penibel ab, bis uns die Mägen zwickten.

Wer konnte denn auch ahnen, dass die Dinger,
so lustig gelb im Pulk am Stock gedeihen?
Wir glaubten ja, man müsse sie per Finger
aus Weißblechbüchsen peu à peu befreien.

Dabei wächst er am Halm mit blonder Strähne,
die ihn im Windhauch spirrelig umzuckt.
Und längst bereichert unsre Speisepläne
so manches exquisite Maisprodukt.

Wir lieben Cornflakes, Tacos und Polenta.
Und Filme, Fußballspiele und so Quatschshows
ertragen sich bei weitem exzellenter,
sind sie flankiert von Popcorn, Flips und Nachos.

Genosse Chruschtschow wusste es bereits:
Die Wurst am Stengel ist per se politisch.
Bei reichlich Maisgenuss gilt allerseits:
Das Volk ist glücklich, satt und nicht so kritisch.

4.

Du bist die Dramaqueen aller Salate,
als Superheldin die Geschmacksgranate.
Wenn du nicht richtig schmeckst, schmeckt gar nichts richtig,
dein Potential ist fürs Aroma wichtig.

Du schaffst Charakter rauf auf alle Pizzen,
ein Burger ohne dich würd schnöd abblitzen.
Auch Suppen, Soßen und Ragouts verlören,
würdst du nicht zu den Zutaten gehören.

Italien ohne dich wär nicht Italien,
nur Ansammlung antiker Materialien,
hätt dich nicht wer Europa zugetragen
einstmals als Raubgemüse sozusagen.

Nicht unbedingt führst du uns zur Gesundung,
vielmehr führt dein Genuss zu mancher Rundung,
weil du so gut mit Zucker harmonierst
und dich deshalb zu Ketchup transformierst.

Die Süße dient umgarnend dir als Tarnung,
dein grelles Rot verlockt und ist doch Warnung:
Vom Strauch muss keine Eva dich noch pflücken,
dich kann man längst aus prallen Tuben drücken.

Als Liebesapfel hast du uns betört,
auf dass dir jetzt die ganze Welt gehört.
Auch Paradeiser nennt man dich voll Wonne.
Mir bist du meine kleine rote Sonne.

Wie viele Namen du auch immer trägst,
wie viele Zungen du auch noch belegst:
Du bist die Dramaqueen des Delikaten,
die Superheldin schmackhafter Zutaten.

5.

Schon morgens, innerlich noch träge,
die Finger im Gesichtscremetiegel,
beschleicht mich bei der Körperpflege
der Appetit nach mehr vorm Spiegel.

Die Butter, die ich sanft mir creme
auf Wangen, Hals wie Stirn und Nase,
zu mindern meine Hautprobleme,
sorgt aromatisch für Ekstase.

Eh an der Creme ich mich vergreife,
nehm ich die Frucht aus meinem Kühlschrank,
Betörend aufgrund Überreife.
ach, machte sie mich nicht gefühlskrank!

Denn diese Gogo-Tänzerin
für den Geschmackspapillenpogo,
die reinste Kücheninfluencerin,
ist ökologisch voll das No-Go.

Man könnte dies gewiss verdrängen
(und ist ja nicht allein dran schuld,
an unfassbaren Wassermengen,
verbraucht für diesen Früchtekult).

Es ist die Sünde, die uns reizt, 63
die Avocados stets entfesseln,
weil Fett uns die Synapsen spreizt
bei Tisch und nachts in Fernsehsesseln.

Mich hat sie jedes Mal verführt,
bin machtlos gegen das Frivole.
Ist sie auch schnell zusamm‘erührt,
befriedigt mich Guacamole.

6.

Was bist du bloß für'n ...? Also nee ... Unfassbar!
Genaugenommen bist du unverpassbar,
beschleichst mich manchmal zwar nur als ein Hauch,
doch stets präsent, bleibst du partout ein Lauch.

Du Lauch, ey! Tust so unschuldig sensibel
und bist im Grunde auch bloß eine Zwiebel.
Natürlich zarter, feiner, nicht so streng
wie der gemeine Rest von deiner Gang.

Okay, ja doch, obwohl man's gern verschweigt,
grundsätzlich bin ich gar nicht abgeneigt.
Du hast an dir schon irgendwas Spezielles,
weshalb ich dich nicht nur eventuell ess.

Du bist, was ich mit Wonne in mich reinstopf,
zudem Geschmacksträger in jenem Eintopf,
den ich verzückt mit einem Schlauch aufsauf-
en würd. Du Lauch in meinem Lauchauflauf.

So lässig auf die Schnelle zubereitet,
sogar von Laien, nicht groß angeleitet,
veredelst du noch schnödes Hackgemansche
und herrlich fetttriefendes Rahmgepansche.

Du schmeckst selbst, wenn du außen voll verkohlst,
weil du so Röstaromen aus dir holst
und wirst im Innren süßlich. Souverän
bestückst du Flammkuchen und Quiche Lorraine.

Du hängst mir niemals mal zum Halse raus,
bloß aus dem Beutel auf dem Weg nach Haus.
Du bist das Merkmal aller Lauchverzehrer,
und ich dein größter Groupie und Verehrer.

7.

Dank Blubb wurd der mir früh bereits verleidet
als Pampe Blubb, die niemals weniger
auf meinem Teller Blubb stattdessen mehr,
hat meinen Widerstandsblubb stets beeidet.

Und galt auch noch als nahrhaft Blubb voll Eisen!
Das wollt ich nicht, das mocht ich nicht und Blubb
und dass man kraftstrotzend mit Blubb im Club,
und so beschloss ich unbebluppt zu speisen.

Lang kannte ich Blubb bloß als Tiefkühlquader,
der aufgeblubbt mitunter Blätterreste
im Blubb erkennen ließ, die noch das Beste
da warn im Blubb als letzte Lebensader.

Nach Jahren Blubb sollt ich jedoch erfahren:
Spinat lässt ohne Blubb sich frisch auch kaufen.
Ich nahm drei Handvoll Blubb als Riesenhaufen,
die schwups geschrumpft zu Blubb im Kochtopf waren.

Spinat mag nicht besonders viel Blubb wiegen,
es sei denn, er ist nass vom Blubbgesupps,
und bleibt nicht richtig abgeblubbert – ups! –
im Kochwasser zu lange Blubb dann liegen.

Daher erlaub ich Blubb zur Zubereitung
mir einen Blubb ganz exquisiten Tipp:
Den Blubb ersetzen wir mit Joghurtdip,
Zitronenblubb plus Pinienkernbegleitung.

Bloß will dies Blubb Rezept zum Schluss verschleiern,
dass ich zwar in der Tat Blubb so was koch,
und esse ihn Blubb Blubb am liebsten doch
mit Bratkartoffeln und Blubb Spiegeleiern.

KARTOFFELN !!
KARTOFFELN !
DANN GEHEN SIE DOCH IN EIN ANDERES LAND!

Ein Match im Knollentinder

1.

Als ich zum ersten Mal dich angefasst,
verdreckten Lehm und Erde dich vollkommen.
Wenn nicht, wär ich vor dir ziemlich erblasst
und hätt dich niemals mit zu mir genommen.

Ich wusch dich, und du wurdest brühend heiß.
Dein Wohlgeruch erregte mein Gelüste.
Verbrannte Lippen waren bald der Preis,
weil ich in meiner Gier dich stürmisch küsste.

Wie furchtbar frühreif, Laura, du doch bist.
Dein Fleisch ist tiefgelbfeste Göttergabe,
die Schale rot, was Kleid genug dir ist.
Verhungern muss ich, wenn ich dich nicht habe.

Gar alles würd ich, Laura, dir verzeihen,
selbst wenn du mich auch arg enttäuschen tätst.
Ich weiß, du hast diverse Liebeleien,
sobald du nur in einen Topf gerätst.

Als ob dich viele gar nicht mal groß achten,
enthäuten sie dich roh (oh, das verböt sich!)
Die Haut verfärbte dir, wenn sie's nicht machten,
den nackten Leib beim Kochen sonst so rötlich.

Und wenn wer sagt, du bist Kartoffel bloß,
sag ich: Na und, wer will schon Nudeln mampfen?
Wen sättigt Reis? Wen Brot? So furios
wie du lässt niemand braten sich noch stampfen.

Magst du auch nur Kartoffel sein am Ende,
mit Händen, Laura, würd ich nach dir graben!
Du bist für mich des Hungers Dividende,
mein Reingewinn, darf ich mich an dir laben.

2.

Du bist so lecker wie verboten,
weshalb sie sogar damit drohten,
dich auszulisten – kein Geschwätz! –
gemäß Saatgutverkehrsgesetz.

Du warst zu alt inzwischen wohl
und hinfällig das Monopol,
auf das dein Züchter streng beharrte,
sich gegen Weiterzucht verwahrte.

Du seist zu anfällig geworden,
ein Schmaus für Parasitenhorden.
Kartoffelkrebs und Knollenfäule
erforderten die Giftschutzkeule.

Doch hattest du genug Getreue,
Bedenkenträger gegen's Neue,
die trauern um das, was verschwunden:
die guten Manufactum-Kunden.

Dass du verdammt, das wurd verdammt,
und so vom Bundessortenamt
Kartoffelwahlfreiheit gefordert.
Und die wurd schließlich auch beordert.

Was alles man für die Natur tut!
Du bist längst deutschestes Kulturgut
und so gesund, denn leckomio:
Amtlich korrekt gibt's dich nur bio.

Du bist ein Match im Knollentinder.
Erwachsene und auch nicht minder
ihre vom Glück verwöhnten Kinder
genießen dich noch immer, Linda.

3.

Nicht sie ist's, die im Lied der Nibelungen
von Breifressern vorzeiten ward besungen.
Nicht Siegfrieds Mutter ist sie aus der Sage,
doch Deutschlands meiste Sättigungsbeilage.

Und jener legendäre Zwergenschatz
wurd zum verschollnen Flussbodenbesatz,
derweil Sieglindes Ahnen aus den Anden
den Seeweg in Europas Küchen fanden.

So auch nach Franken ins Dorf Pilgramsreuth
zum Bauern Rogler Hans, der hocherfreut
sein Feld erklärte ohne groß Geschlacker
zu Deutschlands frühestem Kartoffelacker.

Seitdem verzehren wir auf deutschen Böden
Kartoffeln, man könnt sagen: wie die Blöden.
Und mit der Zeit entstanden tausend Sorten,
doch isst man nur die eine vielerorten.

Ein Denkmal steht für Bauer Hans in Franken,
dabei müsst man Sieglinde gleichfalls danken.
Sie ist das It-Girl im Kartoffellager,
die Heldin unsrer deutschen Schlemmersaga.

Der Kontinuität der Konsumenten
verdankt sie, dass sie zu den stets präsenten
Kartoffeln zählt in unsren Vorratskellern
und selbstverständlich auf den Mittagstellern.

Sieglindes Wohlgeschmack scheint zu gefallen.
Sie ist die Konsensknolle von uns allen.
So zögre nicht beim nächsten Einkauf, pack
dir stets genug in den Kartoffelsack.

4.

Da hält sich wohl jemand für äußerst erlaucht,
den ungern man ruchlos in Kochwasser taucht.
So exklusiv vornehm und exquisit fein
und soll doch de facto Kartoffel bloß sein.

Im Abgang leicht nussig, Erquickung de luxe,
so simpler wie edler Geschmack reinen Glücks.
Die Delikatesse, genial und superb,
die nennt man tatsächlich La Ratte, schnöd und derb?

Okay, auf Französisch, da ist's tolerabel.
Wo sonst als in Frankreich wär das akzeptabel?
Kartoffeln, feudal wie nur Seidenkrawatten,
die heißen – ins Deutsche getragen – »Die Ratten«.

Sie ähneln den Tierchen vielleicht eine Spur
mit ihrer so länglichen Hörnchenkontur.
Auch wird man wie Ratten im Leben nicht satt,
verkostet bei Tische man nichts als La Ratte.

Und wirkt dies auf manche auch ziemlich abstrus,
es ist nicht ausschließlich aufgrund ihres Gouts,
dass viele Gourmets sie unendlich verehren,
nach ihrem Genuss sich leibhaftig verzehren.

Das Seltene ist, was Begehrlichkeit schürt,
ihr unter Kartoffeln der Adel gebührt.
Sie wächst eben nur in bescheidener Zahl
auf sechs Bauernhöfen am Ärmelkanal.

Und willst du sie glorifizieren und preisen,
ihr Ehre nicht bloß durch Verzehr plump erweisen,
dann pilgre dorthin, wo sie wächst, also geh
zu Fuß vers le champs de La Ratte du Touquet.

5.

EH92-527-1,
die trotz ihres Kartoffelseins
zum Essen niemals vorgesehen,
galt biologisch als Vergehen.

Die Gene waren revidiert,
die Amylose so blockiert,
dass reines Amylopektin
im Reagenzröhrchen erschien.

So war als Vorteil einzuschätzen,
Kartoffelstärke einzusetzen,
dass Garn nicht allzu schnell zerreibt,
Beton wie Klebstoff flüssig bleibt.

Auch Glanzpapier zu produzieren
ließ merklich sich jetzt optimieren.
So sparte unsre Industrie
an Wasser, Zeit und Energie.

Nun sind die Menschen da hermetisch:
Ein Nutzgewächs, welches genetisch
verändert wurde im Labor,
sorgt schnell für größeren Furor.

Das Feld des Anstoßes empörte,
weshalb man's kurzerhand zerstörte.
Dann urteilte noch die EU:
Die Genkartoffel bleibt tabu.

Gewiss gibt's mittlerweile viele
gelungne Biotechbeispiele.
EH92-527-1
war letzten Endes aber keins.

6.

Zur Mitte, zur Fritte, zum Fettparadies.
Schnurzpiepe die Sorte, was zählt, ist der Style.
Ob Ditte, ob Bintje, vielleicht auch Markies.
Geschmack ist dabei nur der kleinere Teil.

Von guter Frittierbarkeit ist viel zu lesen,
denn Pommeskartoffeln, die müssen's schon bringen.
Was hier letztlich zählt an den Imbissstandtresen:
die Sucht, sie beständig mit Gier zu verschlingen.

Auch ich äß sie dauernd voll Freude in Fülle,
ich stopfte sie in mich, als gäb es kein Morgen,
entstellten sie nicht meine leibliche Hülle
und führten langfristig zu ernsthaften Sorgen.

So gilt halt für Fritten dasselbe wie immer,
wo Wonne den Hunger um Längen leicht schlägt:
Verzichten, das machte die Sache nur schlimmer,
doch sündigst du, sündige wohlüberlegt.

O Pommes, o Fritte, du knusprige Freude,
nie warst du als Glücksbotin unzuverlässig.
Klar, dass ich für dich selten Ketchup vergeude.
Ich brauche bloß Salz und paar Spritzerchen Essig.

Und auch nicht in Mayo will ich dich ertränken.
Wo bleibt da der Anstand, wo bleibt das Niveau?
Man will den Frittierkünstler schließlich nicht kränken,
solch Kochkunst in Fettcreme wär ruppig und roh.

Wir nennen das Kunst, was das Leben bereichert,
vermag sie mitunter gar förmlich uns retten.
Egal, dass der Leib auch manch Missliches speichert.
Und gibt's keine Pommes, gehn notfalls Kroketten.

7.

Was denn soll ich sein, wenn nicht Kartoffel?
Ich, der deutsche Michel, blöder Stoffel,
kuschelweich am Fuß mein Filzpantoffel,
bleibt mir nur zu simsen: LOL und ROFL.

Wohlgenährt dank meines Knollensnacks,
Frucht des Bodens, also deutschen Drecks,
Hauptbestandteil meines Hüftenspecks,
wurd ich selbst zum Nachtschattengewächs.

Bin von hier und hab's nie weit gebracht,
habe aber allzeit tüchtig Schmacht.
Stolzer Träger meiner Prügeltracht,
hat die Herkunft mich dazu gemacht.

Heimat der Kartoffelendverbraucher*
innen und Identitätenschlaucher*
innen und Ersatzglimmstängelraucher*
innen und, wenn's arg wird, Schnellabtaucher ...

Innenansichtsspezialist – äh – innen,
sind wir, die wir uns auf uns besinnen
und gern mehr wärn, als wir sind, gewinnen
wir zum Schluss stets bei der Flucht von hinnen.

Wir Kartoffelbürger*innen wollen
immer alles richtig machen, grollen
aber, wenn wir das auch wirklich sollen,
denn wir sind ja selbstbestimmte Knollen.

Die Fasson macht's, so schon Fritz der Große:
Werdet selig hier in Preußens Schoße.
Und zum dicken Fleischklops oder -kloße
gibt's Kartoffeln schön mit brauner Soße.

GOETHE BETRACHTET EINE POMERANZE

... ALS FORSCHER

... ALS DICHTER

So’n oller Plunder,
der da im Garten
munter wächst

1.

Nicht alles war mal besser,
so warn wir schlechte Esser.
Denn ohne die Erfahrung
aß man oft falsche Nahrung.

Sodass wir uns verfraßen,
sobald wir etwas aßen.
Nichts schien uns zu exotisch,
geschweige denn idiotisch.

Hawaiipizza und Rollmops
und Hack-Igel als Vollklops.
Doch war das alles nie wie
zum Nachtisch eine Kiwi.

Wir waren gleich vernarrt.
Sie schien uns – so behaart
und mit schwarzweißem Kern –
wie von ’nem fremden Stern.

Den Löffel reinzustechen,
als würden wir uns rächen
an andrem Obst, das schwieriger
zu essen, machte gieriger.

Weshalb man fast verpasste,
dass man das an sich hasste,
war doch, was man so aß da,
geschmacklich ein Desaster.

Sodass man längst verzichtet,
nur noch darüber dichtet
und – was nicht überrascht –
viel lieber Pudding nascht.

2.

Benutzerfreundlich ist sie unbedingt.
Zum Öffnen zieht man ihr bequem am Nippel.
Und wer sie vollständig hinunterschlingt,
braucht weder Zähne noch zuvor Geschnippel.

Ich glaub, dass sogar Affen sie sich kauften,
wenn die für sie nicht einfach pflückbar wären.
Auch Europäer mampfen sie zuhauf, denn
wir lieben die exotischeren Sphären.

Sie wird als krasses Superfood gehandelt,
selbst die Verpackung ist voll abbaubar.
Doch wer den Dschungel unbedacht durchwandelt,
dem droht exorbitante Rutschgefahr.

Ach, hätt man sie hier nur nie angeschleppt!
Sie ist die reinste Lachnummer, voll peinlich.
Mir fehlt Verständnis für dies Fruchtkonzept,
damit bleib ich alleine höchstwahrscheinlich.

Sie ist so zuckersüß, so babybreiig.
Je reifer, desto matschiger wird sie.
Nee danke! Echt, ey – unter uns – verzeih ich
Desserts und Backwerk mit ihr drinnen nie.

Bananen pur sind mir ja schon ein Graus,
doch muss man mit Bananenbrot mich reizen?
Banana Split! Wer denkt sich so was aus?
Wer kippt Bananensaft ins Hefeweizen?

Und das ist wohl die bessre Fragestellung
und nicht die eine nur nach dem Warum.
Ich konstatier daher zur Volkserhellung:
Bananen machen offensichtlich dumm.

3.

Ey, watten ditte, bitte?
Und sach jetzt nich: ’ne Quitte!
Dit dis ’ne Quitte is,
dit bin ick ma jewiss.

Die lass man lieber hängen!
Nur unter jrößren Zwängen
vülleicht würd ick ma warjen,
de Hauer rinnzuschlarjen.

Dit is doch echt keen Obst,
ooch wenn de’s erstma gloobst.
Sieht aus wie ’n Appel, voll
verwachsen, rappeloll.

Im Ernst, dit isst man nich,
so Marke widerlich.
Dit war ’ne fiese Finte,
als de Natur ma spinnte.

Und hör uff mit Kompott,
jekochtem Pampjesott,
und det se sojar schafften,
de Quitte zu entsaften.

Und denn de Volksballade
von Quittenmarmelade.
Die kriecht man stets jeschenkt,
wenn man nix Böset denkt.

Ey, nee, dit is ma nüschte!
Da sarick: Ick vazüschte!
Weil ick daran nur litte,
jäb eener mir ’ne Quitte.

4.

Den konnt man prima in die Tasche stopfen,
und so begleitete er mich zur Schule.
Den Zahn indessen ließ der selten tropfen,
als Obst war er nicht so der Obercoole.

Perfekt und fleckenfrei umhüllte schick
die Schale fast wie Folie ihn im Glanze.
In seiner Mitte prangte fingerdick
jedoch ein Loch von einer Apfelstanze.

Die Mama hat ihn mir damit entsteint.
So störte mich der Griebsch am Ende nicht
(ihr wisst: dies Kernversteck, das man auch meint,
wenn man von Butzen oder Grotzen spricht).

Wahrscheinlich ahnte sie, dass ich dies fiese
Gehäuse nicht gut abknabbern wohl täte.
Und so verfuhr sie streng nach der Devise:
Den Apfelkernbiss stoppen nur Geräte.

Doch bis zur ersten meiner großen Pausen
war dieser Apfeltunnel bräunlich eklig.
Um diese Stelle biss ich voller Grausen
sehr weiträumig herum, und das tagtäglich.

Man hat mir Apfelsaft daher empfohlen.
Ich trank erst konzentrierten, dann direkten.
Der manchen war zu prompt und unverhohlen,
weshalb sie lindernd ihn zur Schorle streckten.

Mitunter muss man wohl in Äpfel beißen,
so sauer sie auch sind, und sie genießen
mit Haut und Kern, sich schlicht zusammenreißen.
So könnte gar ein Bäumchen in dir sprießen.

5.

Da hat wohl eine heftigst Zellulite,
die lädt man sich nicht gern in die Suite.
Die ist und bleibt ein ziemlich kleines Früchtchen.
Von der würd ich mich nicht als Fan bezichtgen.

Im Grunde ist an ihr nichts wirklich schick.
Die kommt auch noch im Netz so aus Plastik
im Dutzend, und eh man sie alle pellt,
ist eine davon fraglos verschimmelt.

Sie ist so schön orange, doch nicht Orange.
Die wurd aus ihr gezüchtet als Melange
mit einer Pampelmuse einst in China
und wirkt wie eine farbige Domina.

So ledermäßig streng, doch kein SM,
die raubte niemals nie mir den Atem.
Die kann man einfach nicht mit Herz verehrn,
am Ende klebt nur Saft an den Fingern.

Man greift zu ihr, sie ist halt immer da
und wirkt doch, wie ein sinnloses Komma.
Sie ist der anspruchsloseste Habibi
und gibt auf Bunten Tellern das Alibi.

Sie kommt für nichts zu uns von Übersee,
betört auch ihr Aroma die Nase,
ist sie das fadste Obst, das ich so kenn.
Man kann es nur in Büchsen verstecken.

Die hat als Frucht kein bisschen Renommee
und ist so falsch wie hier alle Reime.
Im Stillen dächte ich: Ojemine!,
schenkte mir jemand ’ne Mandarine.

6.

Das ist ja auch so'n oller Plunder,
der da im Garten munter wächst,
und schlägt dann in dir durch wie Zunder,
wenn du nur an den Beeren leckst.

Die Blüten sind schon eine Pracht.
Ihr Duft macht dösig allerdings,
weshalb man Sirup daraus macht
für Limo oder auch für Drinks.

Wobei, na, dösig, guter Witz,
das Zeug, gemischt mit Gin und Tonic,
gibt einen erstklassigen Fizz,
und dir wird rundherum schnell wonnig.

Das schreit nach Mehr, wer will sich wehren?
Du musst dich einfach schlichtweg traun
und auch aus den Holunderbeeren
dir einen Trunk zusammenbraun.

Das braucht nicht viel, hauptsächlich Zucker,
und ist postwendend angesetzt
plus Wartezeit, du armer Schlucker,
wenn du's nur längst gemacht schon hättst!

Zum Glück ist noch was in der Flasche
vom Sirup und auch Gin genug.
Ich sauf doch nicht, nee, nee, ich nasche
die Vitamine Zug um Zug.

Von wegen, ich und rotzevoll!
Holunder, da gibt's kein Vertun,
egal, wie sehr die Schlotze quoll,
macht gegen irgendwas immun.

7.

Uh, schon deine Noppen machen
mich ganz schwach, und sie entfachen
das Verlangen, dich zu knacken
und dich langsam auszupacken.

Und so pell ich auf der Stelle
dir begierig auf die Schnelle
ohne Rücksicht auf Verluste
die verwarzte Knollenkruste.

Oh, so herrlich klebrig, glitschig,
deine Haut, mit Fingern flitsch ich
drüber, werde rattenscharf,
weil ich dich begrabschen darf.

Wirkst so milchig, leicht und luftig,
wenn du bombig rosenduftig,
wollüstig und wonnevollst
über meine Finger rollst.

Und ich muss dich einfach lutschen,
dich von deinem Kern abzutschen,
der ist prall, und doch umschließt
ihn dein Saftfleisch fest, du Biest.

Hu, wie süß du bist, so schön
zuckrig und zugleich obszön,
dass ich mich durchaus geniere,
wenn ich mich so delektiere.

Nur an dir, du Lustdespotin,
messe ich das Angebot in
dem exotischen Gewerbe
bis ich, Litschi, an dir sterbe.

Serviervorschlag

Nicht echter Käse
ist echt Käse

1.

Weich und gelb und ziemlich buttrig.
Fehlt der Schlaf mir mal, dann futtr'ich
nächtens, ohne jeden Schauder,
sehr sehr gerne jungen Gouda.

Jungen Gouda fraß als Kind
ich in mich schon rein geschwind,
weil beim Kosten nichts missfiel,
was am Käse wär subtil.

Kein Aroma irritierte,
dass ich Senf noch drüber schmierte.
Gar nichts hinterließ im Mundraum
einen faden tauben Schlundflaum.

Gouda ist so piepegal
und beinah geruchsneutral.
Im Prinzip bereits beim Essen
hat man Gouda schon vergessen.

Überbacken aus dem heißen
Herd vermag er aufzureißen
dir den Gaumen mit Gefetz.
Meide drum Pizzabaguettes!

Wenn du nur nach Namen gehst,
so auf Kompliziertes stehst
und nicht magst, was schnell gefällt,
dann wird Gouda nie dein Held.

Nichts an ihm ist unterschwellig,
durch und durch fad und gefällig.
Junger Gouda bleibt im Wesen
stets der Jürgen bei den Käsen.

2.

Als Kind kannt ich ihn, große Güte,
als trocknen Staub nur aus der Tüte.
Doch muss man ihn, wenn frisch gerieben,
bedingungslos genussvoll lieben.

So ausgereift und zugleich spröde,
wird auf der Zunge niemals öde,
ist aromatisch echt ein Brett
dank salzig-nussigem Bukett.

Gerieben zu gar feinen Flöckchen,
geschmolzen oder noch in Bröckchen,
mit Pasta so oder als Pesto
und selbst auf Pizza stets ein Fest, oh!

Auf Spargel, Fenchel, Auberginen
sorgt er am Tisch für frohe Mienen.
Selbst noch als purer Weinbegleiter
macht er die Laune stilvoll heiter.

Nicht jeder Käse übersteht
die Zeit, die da vorüberweht.
Sechs Jahre Warten sind nicht ohne,
dann ist er »extra stravecchione«.

Im Mund ein Sprengsatz, schier gewaltig,
Aromen platzen mannigfaltig,
ein Zungenfeuerwerk zu schüren,
das Kenner als »umami« führen.

Verzeiht daher, liebe Veganer,
dass ich hier werde zum Ermahner.
Ein Leben ohne Parmesan
halt ich tatsächlich für vertan.

3.

Konnt man Käse das einst nennen,
was sich anschickt, fortzurennen
aus des Kühlschranks Butterfach?
Oder macht dich Fäulnis schwach?

Vom Verlauf her könnt man tratschen:
Am Verduften sei der Flatschen.
So schnell setzt der nicht den Blinker,
dieser miese olle Stinker.

Ob nun Harzer, Mainzer oder
dieses Handkäsegemoder
mit Musik und Ebbelwoi –
der Geruch bleibt ihm stets treu.

Denn gar starke Fäulnisschwaden
strömen aus dem Müffelfladen.
Nutzlos, diesen einzutuppern –
ewig wirst du ihn erschnuppern.

Hast du dich dann durchgerungen,
zum Verzehr dich fast gezwungen,
merkst beim Schmecken du entzückt,
dass der Mief dich kaum bedrückt.

Kannst noch Senf darunter kleistern,
den Geschmackssinn zu begeistern.
So wie du auch nichts bereust,
wenn du Kümmel drüberstreust.

Nur ein Hauch der Käskritik
hängt lang nach in der Musik.
Denn als letzte Konsequenz
bleibt uns bloß die Flatulenz.

4.

Im Emmental im Kanton Bern
sind Löcher unentwegt modern.
Damit die nicht so leicht entwischen,
muss jemand Milch zusammenmischen.

Und diese Milch wird Käse bald
mit reichlich hohem Fettgehalt.
Gleichwohl – nach schweizerischem Schwank –
macht dieser Käse quasi schlank.

Das ist natürlich nicht erwiesen,
im Gegensatz zu jenen fiesen,
in jedem Loch lauernden Gasen
zum Kitzel der Genießernasen.

Noch schlechter als die Löcherhüllen
lässt sich die Herkunftsfrage füllen.
Schier selig die, die wirklich glaubten,
was die Bezeichnungen behaupten.

Denn längst nicht jeder Emmentaler
ist faktisch ein originaler.
Im Unterschied der Reifegrade
zeigt sich die Qualität gerade.

Doch gibt es ihn auch noch und nöcher,
gleicht er sich oft bloß dank der Löcher,
entstanden aufgrund Heustaubteilchen,
die Gas freisetzen nach ’nem Weilchen.

Ob Türke, Bayer, ob Franzose –
der Emmentaler bleibt Symbiose
aus Luft und viel Geschmack drumrum.
Das Loch wird zum Kriterium.

5.

Früher oder selten später
stößt wohl jeder Käsanbeter,
gleich ob Dörfler oder Städter,
auf gemeinen Schafmilchfeta.

Bröckelig zusammgefegter,
in Salzlake eingelegter,
von Gourmets sehr gern verschmähter
Käse – sag, wer kennt nicht Feta?

Hirtensalat wär diskreter
und zugleich kein Zentimeter
von Intresse als Vertreter
Griechenlands ganz ohne Feta.

Gurken und Tomaten steht er
als Gefährte von konkreter
folkloristisch aufgeblähter
Tradition und bleibt doch Feta.

Selbst Sirtakitikiväter
tanzen deutlich abgedrehter,
wenn der Mittelmeerwind weht schwer
nach der Einnahme von Feta.

Oft kommt seine Milch längst steter
aus der Kuh, und obsoleter
wird daher geschmacklich meta,
was wir kennen nur als Feta.

Ewig klebt und spät erst geht er
aus dem Mundraum wie Salpeter.
Doch von der Intensität her
bleibt uns lediglich der Feta.

6.

Der ist so falsch wie top korrekt,
weil er nicht ist, wonach er schmeckt.
Vom EUGH wurd untersagt,
dass wer an Tofukäse nagt.

Denn was ein Käser rührt zusammen,
muss unbedingt aus Eutern stammen.
Auch Hirtenkäse bleibt erlaubt,
solang man nicht die Worte klaubt.

Was noch vor Jahren sehr verpönt
und als Radiergummi verhöhnt,
erzielt jetzt im Veganerkreise
stark überhöhte Einkaufspreise.

So wie Vinyl wieder en vogue:
Wir lieben einfach analog.
So tun als ob – wie'n Influencer,
vorgeblich Tierprodukteschwänzer.

Wer will schon, dass sie Milchvieh schinden,
um auf dem Brot dann vorzufinden,
was Käserkunst so mit sich bringt?
Auch gut, dass Kunstkäse nicht stinkt.

Bei Soja, Pflanzenfett und Stärke
ist das Synthetische voll am Werke.
Geschmacklich, optisch bleibt nichts offen,
dank Farb- und viel Aromastoffen.

Und trotzdem denkste dir beim Kauen:
Wer kann der Nahrung noch vertrauen?
Und schließt dein Sinnen mit der These:
Nicht echter Käse ist echt Käse.

7.

Du bist für misch wie Camembert,
denn man erträgt disch eher schwer,
doch hat man sisch drauf eingelassen,
will alles andre man verpassen.

Dein Charakteer, so stark und reisch –
und zart zugleisch dein weißes Fleisch.
Von dem will fortan kosten isch,
ohn Unterlass verführerisch.

Isch ’ab disch stets gern angeschaut.
Nur weißer noch als deine ’aut
ist dein Fummell aus purem Schimmel,
wie Wolken ’ell am Sonnen’immel.

Dein Duft verliert sisch nie mehr ganz
aus meinem Sinn, ohn Contenance,
wenn du mal meiner Zunge fehlst,
du sehr dann meine Seele quälst.

Du bist für misch wie Camembert,
verlässt du mal mein Bett, so leer,
bleibt ’ängen dein ’erbes Odeur,
und isch bleib ohne Zube’ör.

Sogleisch ’ör isch dann dein Gemecker,
als ging isch für disch je zum Bäcker.
Auch wenn isch es dir selten sag,
bist du mir mehr als Brotbelag.

Ma chère, du machst mir zwar oft Stress,
doch ohne disch schöb isch Tristesse.
Was wär isch ohne disch im Mund?
Ein Käseesser ohne Grund.

Inhaltsstoffe

Heiß verschlungner Zungenkuss

So zuckersüß ist niemals nie Gemüse!

Ein Match im Knollentinder

Eulenspiegel Verlag – eine Marke der
Eulenspiegel Verlagsgruppe Buchverlage

ISBN 978-3-359-03019-5

1. Auflage 2022

Umschlaggestaltung: Verlag, Karoline Grunske
unter Verwendung einer Illustration von Elias Hauck
Druck und Bindung: buchdruckerei.de, Berlin

www.eulenspiegel.com